El jardín de las palabras:

Pensamientos, poesías, dibujos y
encuentros contigo

El jardín de las palabras:

Pensamientos, poesías, dibujos y encuentros contigo

Dando voz a mi soledad

Elena Ley & Elena Tecchiati

ALDA TALENT

ALDA TALENT

Título: El jardín de las palabras
Autora: Elena Tecchiati ©
Traducción del original en italiano "Il giardino delle parole", realizada por la autora.
Editado por: ALDA TALENT, S.L.
Edición: Primera, diciembre 2025
Contacto: info@etecchiati.com
Impreso en España
ISBN: 978-84-10123-77-9
Depósito legal: B 22468-2025
Precio: 14,42 euros
Precio con IVA: 15 euros
Páginas: 222
Encuadernación: Rústica
Medidas: 14x21 cm

Escribo
para dejar que hable mi corazón.

Dedico este libro
a mi madre Elisabetta,
una vida para mí.

Sígueme en las redes sociales

www.elenaley.com

Nota sobre el material gráfico de este libro

Todos los dibujos que encuentras en este libro han sido hechos a mano personalmente sobre papel de 130 g/m² con un rotulador Staedtler pigment liner 1.2.

Si prefieres no escribir ni colorear directamente en este libro y deseas conservarlo intacto, puedes descargar el PDF con mis dibujos y los gráficos de algunas actividades presentes en el libro. ☞ Sigue este enlace:

https://www.aldatalent.com/material-el-jardin-de-las-palabras/

Para las demás actividades solo necesitas un cuaderno o un diario.

Este libro es de

ÍNDICE

Introducción de la autora

El poder de la palabra como terapia: un viaje hacia el crecimiento personal

Me han hecho falta más de treinta años para tener el valor de publicar una parte de estos pensamientos. Tal vez por miedo a no ser una poeta "lo bastante buena" para este mundo, o por temor a mostrar demasiado de mí misma. Pero mantenerlos encerrados en un cajón no era una opción, porque esa voz que me acompaña cuando estoy sola no es solo mía: es el reflejo de lo que muchos sienten y callan. Es una forma de mostrar un lado de mí y, al mismo tiempo, abrir un espacio a quien desee encontrarse entre estas páginas.

Este libro nace de la necesidad de detenerse, de escuchar el silencio, de respirar la propia presencia. He descubierto que la palabra (y en particular la palabra escrita) cobra fuerza cuando nace de la paz interior, del contacto con lo que realmente somos, lejos del ruido del mundo. La quietud, el silencio, la lentitud se convierten así en instrumentos de sanación: nos permiten escuchar nuestros pensamientos, las emociones que a menudo ignoramos, los deseos que reprimimos.

Cada poema, cada reflexión, cada actividad aquí propuesta surge de momentos de soledad serena, de la contemplación de la vida sencilla y de los detalles que con frecuencia se nos escapan en la prisa cotidiana. Escribir no es solo contar: es respirar, es crear un espacio sagrado dentro de uno mismo, es dar voz a lo que de otro modo quedaría apagado. La escritura se convierte en terapia cuando nos permite encontrarnos, entender quiénes somos y qué queremos realmente.

Los poemas, pensamientos y reflexiones que encontrarás en estas páginas me han acompañado durante meses, entre la calma del silencio, en el escritorio, en la terraza, con el murmullo suave de la naturaleza o el calor de la luz del sol y del atardecer. Recuerdo también el rumor de la autopista lejana que, sin molestar, a veces me acompañaba como un mantra.

Algunos de estos poemas se remontan a mi adolescencia, cuando aún era una artista "verde" que intentaba dar forma a las emociones sin herramientas, sin reglas, solo escuchando el propio corazón. Cada palabra escrita entonces y ahora nace del deseo de comprender, de liberar, de transformar.

La paz interior y el silencio se han convertido para mí en verdaderos aliados: permiten reencontrar el ritmo natural, ralentizar, escuchar el alma propia y sanar heridas invisibles, encontrar inspiración, crear, ver las cosas desde otra perspectiva.

En esta quietud he aprendido que el poder de la palabra no reside únicamente en comunicar a los demás, sino sobre todo en permitirnos comprendernos, acoger y celebrar lo que somos.

Cuando escribimos en el silencio, la palabra se vuelve instrumento de cuidado, herramienta de descubrimiento, puente hacia nuestra esencia más auténtica.

Hoy, con gratitud y emoción, comparto estas páginas contigo. Gracias por escuchar lo que nace de mi soledad, de mis observaciones, de mis pensamientos y de mis reflexiones.

Este libro es una invitación a detenerse, a encontrar el propio silencio, a dejar que la paz interior guíe las palabras, los pensamientos y los gestos. Es un viaje hacia el crecimiento personal, un recorrido que nos recuerda que cada uno de nosotros tiene el poder de elegir, de crear, de reencontrarse a través de la escritura, la reflexión y la escucha profunda.

NOTA:
Muchos de estos poemas tienen un origen lejano en el tiempo. Comencé a escribir poesía con poco más de diez años, cuando aún buscaba una manera de dar voz a mis sentimientos, de "lavar" mi melancolía y, al mismo tiempo, alimentar mis ganas de vivir. La escritura, entonces como ahora, fue para mí una herramienta de exploración y liberación, una forma de comprenderme a mí misma y el mundo que me rodea.

Con el paso de los años, algunos de aquellos primeros poemas han encontrado nueva forma y nueva voz. Hoy los comparto aquí en versiones más elaboradas y modernas, fruto de la experiencia, la reflexión y de un recorrido artístico en continua evolución.

No se trata solo de palabras, sino de pequeños fragmentos de mi vida, revisitados y moldeados para contar lo que siento ahora, sin olvidar quién fui entonces.

PALABRAS, PALABRAS, PALABRAS...

¿Qué significan para mí las palabras?

Las palabras siempre han sido mi casa, el refugio al que volver incluso cuando todo a mi alrededor cambiaba. Han viajado conmigo a través de distintos países, mudanzas frecuentes, nuevos idiomas y transformaciones interiores. Dondequiera que fuera, estaban allí: compañeras fieles, listas para acogerme y darme voz.

Hablo cuatro idiomas, y cada uno de ellos no solo me ha ofrecido una nueva herramienta de comunicación, sino también una manera distinta de percibir la vida, de mirar el mundo, de habitarme a mí misma. Cada lengua que he aprendido me ha enseñado a sentir en otra tonalidad, a reconocer matices de emoción que de otro modo me habrían permanecido ocultos.

He aprendido a decir "te amo" en varios idiomas, y cada vez ha sido una experiencia nueva: como si la misma verdad universal cambiara de color, de ritmo y de profundidad según las palabras que la revestían. El amor mismo adquiere una consistencia diferente cuando se expresa en lenguas distintas: se convierte en caricia, en fuerza, en promesa, en dulzura — siempre el mismo sentimiento, pero siempre único.

Esta conciencia me llevó a escribir una canción para mi marido en cinco idiomas (en la página siguiente encontrarás el código QR para escuchar la canción). Fue mi puente personal entre nuestras historias, nuestras raíces, nuestros acentos. Un entramado de voces y culturas que se hacía melodía. Con aquella canción quería decirle: "Te amo en todos los idiomas posibles, en los mundos que he atravesado y en los que aún descubriremos juntos".

Para mí, las palabras no son simplemente sonidos: son universos. Y dominar varios idiomas significa tener la posibilidad de vivir más vidas, de custodiar más amores, de respirar más cielos. Por eso escribo, canto y traduzco continuamente: porque cada palabra es una puerta, y detrás de cada puerta hay un nuevo matiz del alma.

Escucha "Your love song"

| Spotify | Apple Music | Amazon Music |

Con el tiempo he comprendido algo esencial: las palabras no se limitan a describir la realidad, la crean. Cada vez que nombramos una emoción, un deseo, una herida o una esperanza, le estamos dando forma. La estamos reconociendo, validando, y en ese acto empezamos también a transformarla. El lenguaje tiene muchos poderes que no podemos olvidar: el de sanar, el de conectar, el de abrir caminos hacia el interior.

Este libro nace precisamente de aquí. De esta profunda convicción de que las palabras pueden ser refugio y llama, espejo y semilla. Que pueden convertirse en una forma de meditación, de presencia, de belleza sencilla.

En esta colección encontrarás poemas que susurran, pensamientos que invitan a detenerse y reflexionar, y dibujos abiertos, libres, que esperan tus colores, tu trazo, tu ritmo. Porque no escribimos solo con palabras: también dibujamos con lo que sentimos, pensamos incluso con las manos.

A lo largo de los años, he vivido muchas vidas en una sola. Cambiar de país, de cultura, de idioma, me ha enseñado a observar, a escuchar, a abrazar la incertidumbre. En cada lengua, en cada acento, he hallado un reflejo distinto de mí misma. He aprendido que las palabras son puente y raíz, que nos unen a los demás y a nuestra historia. Son herencia viva, legado emocional, memoria y posibilidad.

Pero más allá de cómo hablamos con el mundo, lo que realmente define nuestra vida es cómo hablamos con nosotros mismos.

La comunicación intrapersonal —ese diálogo constante, poderoso y unilateral que mantenemos dentro de nosotros— es la raíz de nuestra paz, de nuestra ansiedad, de nuestros miedos, de nuestras decisiones y acciones, de nuestra confianza y de nuestros desafíos. Es ahí donde nacen nuestras creencias, donde se asienta el permiso para avanzar o el miedo que nos bloquea.

Como me hablo, así será mi vida.

Si me trato con dulzura, florezco.

Si me impongo dureza, me cierro.

Si me abro, me libero.

Las palabras que me digo en soledad son tan poderosas como las acciones que realizo. Son ellas, a menudo de manera invisible, las que definen lo que creemos merecer, lo que nos atrevemos a imaginar, lo que permitimos que entre en nuestra vida, en nuestra realidad.

Esa voz interior, entonces, puede ser guía o carcelera. El tono con el que me hablo cada día crea el terreno sobre el que camino, y cuando cambio mi diálogo interno —cuando empiezo a hablarme con respeto, con amor, con verdad— también todo lo que me rodea empieza a transformarse.

Por eso hoy cuido las palabras que me dirijo a mí misma como se cuidaría de un bebé: con atención, con paciencia, con presencia. Porque esa voz interior no solo me acompaña: me construye.

Escribir, para mí, es un acto de amor profundo. Amor por lo que he vivido, por lo que aún no comprendo, por quien me lee desde sus propias búsquedas interiores. Este libro no quiere ofrecer respuestas a cuestiones vitales, sino abrir espacios donde puedas respirar más hondo, detenerte un instante y encontrarte.

Que cada palabra te sostenga.

Que cada página te invite a soltar.

Que cada dibujo sea un pequeño ritual de presencia.

Las palabras me han enseñado a habitar el mundo con más delicadeza, a ver la belleza en lo sencillo, a recordar que todo — lo claro y lo desconocido, lo dulce y lo amargo, lo cierto y lo incierto, el dolor y la alegría— forma parte de nuestra humanidad.

Este libro es una casa construida con silencio, reflexiones, experiencias personales, palabras, emociones, lágrimas y sonrisas. Te acojo aquí, con el corazón abierto.

Espero que puedas encontrar entre estas páginas un refugio, un espejo, una chispa.

CÓMO USAR ESTE LIBRO

Este libro es un espacio para ti, un refugio de calma y creatividad.

Puedes leer los poemas y dejarte envolver por sus palabras, escuchar las canciones que he compuesto inspirándome en algunos de estos textos, colorear las ilustraciones mientras te desconectas del mundo, o completar las actividades para explorar tu creatividad, tu vida, tu alma.

Concédete este tiempo sin prisas y sin juicios.

Imagínate un oasis de paz donde solo estén tú y este viaje de introspección, arte y emoción.

Te espero en cada página.

Primera parte: Yo

YO

Quiero volver

a mis alas blancas,

a la esencia de cuando era tierna,

a mí.

Sin desperdiciar tiempo ni vida,

sin pensar en lo que

otros podrían pensar,

sin mirar atrás

ni adelante.

Vuelvo a mí, ahora.

En mí, siempre.

Conmigo, cada día.

Dame una vida

para volver a soñar,

para volver a reír,

para quedarme en la luz,

sin sombras grises,

sin el sabor amargo

de lo que podría haber sido.

A mí,

simplemente a mí.

SOY DE LA NOCHE

Soy de la noche de luna y estrellas

Soy de un paseo en la orilla del mar

Soy de las risas de amigas de siempre

Soy de soñar

Soy del olor de un bosque mojado

Soy de un balcón que habla de paz

Soy de ciudades que pulsan de gente

Soy de pensar

Soy de una vida idealista y bonita

Soy de cantar, de volar y abrazar

Soy de poesías, de vino y de besos

Soy de bailar

Porque soy mucho más que carne y hueso

que una cara para maquillar

Soy mucho más que una amiga y esposa

Soy una vida para enamorar

Soy de una tarde tocando canciones

Soy de mirar la puesta del sol

Soy de una sopa caliente en invierno

Soy de calor

Soy de luchar por ideales eternos

Soy de familia y de amistad

Soy de una casa con gatos y perros

Soy de verdad

Soy de mujeres sin hijos ni hermanos

Soy de amor para regalar

Soy de un futuro con mucha esperanza

Soy de voluntad

Soy una mujer que siente y que vive

Y con un alma que quiere vibrar

Levántate ahora si crees en ti misma

Seremos una más

Escucha la canción de este poema de mi álbum "Esencia Femenina"

Ahora tú: Actividad: ¿De dónde eres?

Lee el poema-canción "Soy de la noche" de las páginas anteriores y crea tu propio poema personal.

Usa metáforas, figuras propias de ti mismx, recuerda quién eres, lo que te gusta, las personas, cosas y animales que forman parte hoy de tu vida…

Soy de

Porque soy mucho más que

Soy…

MÚSICA

Quiero caer

en el éxtasis perpetuo

de las notas en movimiento.

Quiero sentir el flujo

de las vibraciones en mi cuerpo,

del ritmo que,

como una cuna,

me hace oscilar,

de la emoción que,

como una niña,

me hace llorar.

MI VIDA

Un minuto pasado

mirándome por dentro

y luego, de nuevo,

vuelvo a soñar.

Desde la ventana

el mundo sonríe.

Quiero encontrar la felicidad

que llegará viviendo,

creciendo y amando.

Mi vida no puede ser solo

una fuente de melancolía agridulce,

con matices rosas y negros.

Soy sangre hambrienta de azúcar.

A veces se transforma

y llora lo amargo

buscando lo imposible.

Y de repente me asalta

el deseo de reír

cuando el cielo me sonríe.

Quiero ver siempre la luz,

quiero ser como la luna,

dormir de día,

brillar de noche,

saborear el amor,

dormir a la orilla del mar,

y sentir,

sin fin, sin fin.

Ahora tú: Actividad: ¿Quién soy?

Apunta en el centro de este mándala tu nombre o la inicial de tu nombre y luego, en las puntas, todas las cosas, personas, animales o factores que actualmente te caracterizan, que son "tuyos" y que forman parte integral de tu vida. (Encontrarás este mándala en el PDF que acompaña a este libro, consulta la introducción).

Yo, por ejemplo, escribiría cosas como: música, cantar, tocar la guitarra, escribir, el nombre de mi marido, de mis gatos y perro, el pueblito donde vivo, y otras cosas que asocio con mi identidad actual.

Si quieres, también puedes colorearlo con tus colores favoritos; la creatividad no tiene límites…

SIN TIEMPO

Es difícil pensar

en el tiempo infinito,

quizá porque un día,

sin aviso,

nos disolvemos en él.

Un día u otro,

como el eco que se aleja,

como el viento que borra

las huellas de pasos gastados,

todo desaparece.

Un escalofrío me despierta

del largo sueño.

El sueño ha terminado,

la vida no ha terminado.

Un grito en el silencio,

una mirada al vacío,

y la cabeza se alza

sin meta, sin voz.

El tiempo tiene un solo sentido,

el tiempo es vida,

pero la vida,

en lo profundo,

no tiene sentido

si no das algo a tu mundo

para compartir,

dar,

volar,

amar.

Porque lo que queda

trasciende la materia

y permanece en el tiempo

en las ondas eternas del mar

y del aire cálido que vendrá.

Y entonces me digo:

Vive,

ama,

vuela.

SOLA

Sola en el mundo,

sola en la vida.

Los años pasan,

los años nuevos llegan,

y me pregunto cuántos quedan.

El sol brilla,

el tiempo huye,

el futuro avanza

sin detenerse,

hasta que un día,

sin aviso,

será solo un recuerdo.

Que los recuerdos sean muchos,

que las sonrisas sean inmensas,

que los días sean tranquilos,

que el corazón estalle de emoción,

que el silencio tenga el sabor del amor

y cubra las paredes de mi corazón.

ENTRE RECUERDOS Y SUEÑOS

Me dejo engullir

por las sombras de los recuerdos,

donde el ayer aún gotea

como una herida abierta.

El futuro —

quisiera arrancárselo al tiempo,

pero permanece un espejismo

que se desmenuza entre las manos.

Vivo de amores nunca nacidos,

sombras temblorosas,

promesas sin voz.

Un sueño: fruto verde,

brillante, prohibido,

que no nutre,

que solo consume.

Quisiera morderlo

con los ojos cerrados,

para esculpir en el alma

el sabor que no existe.

Y, sin embargo, quema el deseo:

huir lejos,

con alas de pensamiento rotas.

Dentro, un corazón que tiembla

entre ceniza y ternura,

entre el vacío que devora

y la frágil ilusión

de un mañana feliz

que quizá no llegue.

AHORA TÚ: ACTIVIDAD: VIVIR AQUÍ Y AHORA

Te propongo dos ejercicios poderosos de atención consciente que puedes realizar varias veces al día.

1. Atención auditiva

Después de leer la siguiente indicación, cierra los ojos y lleva tu atención a los sonidos del entorno, sin juzgar y concentrándote solo en ellos.

Permanece en silencio durante unos minutos, sin evaluar ni interpretar lo que escuchas: simplemente percíbelo.

Cuando lo consideres oportuno, abre los ojos y escribe con calma y en detalle todo lo que has oído y cómo te ha hecho sentir.

2. Atención visual

Después de leer la siguiente indicación, detente un momento y observa con atención el entorno que te rodea.

No busques nada en particular; simplemente deja que tu mirada explore el espacio a tu alrededor. Observa los colores, las formas, los movimientos, las luces y las sombras.

Durante unos minutos, mantén esta observación consciente, sin emitir juicios ni distraerte.

Luego, escribe lo que has visto: lo que has notado y quizá antes habías pasado por alto, y cómo te hizo sentir.

A menudo atravesamos el día inmersos en pensamientos, tareas y preocupaciones, sin detenernos a percibir lo que sucede a nuestro alrededor.

Estos ejercicios nos invitan a reconectarnos con el presente, a abrir los sentidos y a descubrir la riqueza que existe en la cotidianeidad.

Observar y escuchar con plena atención nos recuerda que el aquí y ahora están llenos de detalles significativos, si aprendemos a mirar y escuchar de verdad.

Llevar esta conciencia a nuestra vida cotidiana puede ser un acto simple, pero profundamente transformador.

Reflexiona:

∞   ¿Cómo me siento ahora?

∞ ¿Cómo podría integrar esta actividad cada día para ralentizar mi ritmo y no olvidarme de vivir en el aquí y ahora?

PARA SIEMPRE

Cada día

me miro en mí misma,

y en mis ojos encuentro

mi hogar

con sombras,

velas que dan

un atisbo de luz.

La confianza me sonríe,

me mata el pensamiento de perderla,

la quietud, sin embargo, aún no me sostiene,

siento la paz del corazón rozarme.

Cierro los ojos para atraparla,

escapa,

la busco,

vuelve,

me roza,

la llamo,

vuela.

Desde siempre buscando paz,

dentro y fuera de mí,

como en la niebla densa.

¿Busco algo que no existe?

¿Algo que no tengo?

¿Una vida que no tendré?

¿Recursos que no encontraré?

Dame una linterna

para buscar,

para encontrar,

para detener el mundo a mi alrededor.

MI ARTE

Mi proyecto es mi vida,

mi vida es mi arte,

mi arte es mi alma,

mi alma es mi esencia.

Pero mi esencia no se detiene:

es más que mi arte,

más que mis creaciones,

más que mi carne y mi sangre.

Mi esencia es un alma en éxtasis,

un respiro que se abre como aurora,

que contempla la vida

y, en el asombro,

se enciende de eternidad.

SUEÑOS

Tener entre las manos el silencio del alma,

llevar lejos los pensamientos que duelen.

Sentir el día nacer dentro,

el calor de la luz resplandece sobre la piel.

Vivir sin amargura, en un mundo de sueños,

borrar los rencores con una sonrisa de amistad,

y conservar la esperanza de no despertar nunca.

Vida, te quiero.

SI TUVIERA EL VALOR

Si tuviera el valor

de avanzar

riendo en la cara de la realidad

que me amenaza,

ocultando las lágrimas

y enmascarando el alma

con una alegría falsa,

ya no sería yo.

Mi felicidad habita

en las pequeñas cosas,

en los latidos secretos

que vivo dentro,

y en el amor

que respira a mi lado.

Y si un día desaparecieran

esas pequeñas cosas,

esos fragmentos fugaces,

las risas sinceras,

las manos entrelazadas,

y el amor

que vela a mi lado,

moriría en un instante

con la esperanza

de renacer aún,

en algún rincón silencioso del universo,

para devolverme la luz,

para recordarme que la vida,

a veces, solo pide

un nuevo comienzo.

Reflexiona: ser y hacer

¿Cuál es, según tu punto de vista, la diferencia entre
SER y HACER?

Ser es raíz,

hacer es rama.

Ser

es permanecer desnudo ante uno mismo,

sin máscaras.

Es respirar y decir:

yo soy, y basta.

Hacer

es el paso que nace de nosotros mismos,

el gesto que se mueve en el mundo,

acciones, comportamientos, elecciones concretas.

Si vivo solo en el hacer,

me pierdo;

si parto del ser,

cada acción se vuelve verdadera,

auténtica,

única.

SI YO FUERA

Si yo fuera una flor

alimentaría a las abejas.

Si fuera un árbol

daría ramas grandes y fuertes a muchos pájaros

para que puedan encontrar hogar,

y a las ardillas

para que puedan encontrar refugio.

Si fuera un lago

reflejaría las estrellas y

daría peces a los pescadores.

Pero soy un ser humano

y empiezo a regalar mi sonrisa

y desde allí tal vez pueda nacer un mundo nuevo.

Ahora tú: Actividad de "dar"

La acción de "dar" provoca felicidad y satisfacción.
A veces se trata de pequeños gestos que tienen un efecto enorme y un impacto en la vida de alguien...
¿En qué acciones altruistas te comprometes? ¿O en cuáles podrías comprometerte?

Ejemplos de pequeños gestos con gran impacto:

- Donar ropa usada en lugar de tirarla,

- Adoptar un animal abandonado,

- Visitar una residencia de ancianos,

- Donar comida a un centro de acogida,

- Sonreír y saludar a las personas que encuentras en la calle,

- Comprar un bocadillo a una persona sin hogar.

Y seguro que encontrarás otras maneras de tener un impacto en el mundo con un acto altruista...

MUJERES DE HOY

Una tarde de verano Abrazando el día que muere

Me acuerdo desde lejos De noches con mi madre

No soy niña No soy vieja Solo quiero seguir jugando

En este viaje así tan serio Donde ser mujer es un reto

Es una rueda que gira Y nadie vuelve atrás

No tengo miedo de nada De ninguna responsabilidad

Somos mujeres de hoy Niñas de ayer

Abuelas de mañana Amigas cada día

Con los pies en la tierra Seguimos soñando

Seguimos creando Para un mundo mejor

un mundo mejor

Mi amor propio me sonríe Mi cuerpo está cambiando

Los miedos de mañana Los seguiré enfrentando

No me quites la confianza El poder no lo tendrás

Yo seguiré luchando Y el mundo cambiará

No Queremos obligaciones

No tenemos que dar explicaciones

Somos bellas así, somos perfectas así

Somos mujeres de hoy

"Mujeres de hoy" es parte de mi álbum "Esencia femenina"

Escúchalo aquí

La música y yo

La música sale, cálida en mi pecho,

un lento suspiro se eleva en el aire.

Notas ordenadas, un dulce consuelo,

sensación extraña, de profunda introspección.

Miro la calle, paisaje inmutable,

pero dentro de mí todo ha cambiado.

Acompañada

por una música amiga

que siempre me acompañará,

fiel compañera de mi viaje,

yo

cambio,

renazco,

vivo.

Amo la vida,

si esta melodía

me acompaña en el camino,

también mañana.

¿QUIÉN SOY?

Una niña crecida

Una bruja escondida

Una vida por vivir

Una soñadora incurable

Una canción por escribir

Una voz para cantar

Una mujer que no calla

Una amiga con quien hablar

Una tarde de risas

Una noche para amar

Una mañana de canciones

Un atardecer para mirar

Un pueblito del mundo

En una casa de alegría

Una gata en carne humana

Que así vive su melancolía

Segunda parte: Las emociones

EMOCIONES

¿Qué queréis de mí?

Déjenme en paz,

No puedo escucharme si estáis aquí,

hablándome continuamente,

girando en mi mundo.

Continuamente.

Cuando estáis aquí

no veo

no escucho

no siento

la verdad.

La realidad tiene un filtro,

una niebla sin luz.

Os pregunto:

¿Quizá sois vosotros la realidad?

¿Mi realidad?

¿Mi mundo?

¿Mi verdad?

Así no me enseñaron.

Así queda la duda.

Así os vivo en mi corazón.

En mi mente.

En mi mundo.

Pero si desaparecéis

ya no estaría.

¿Entonces?

MI CORAZÓN HERIDO

Ya no sé

qué fuerza impulsa mi corazón.

Ha sido herido hace poco,

y ya no quiere ser sanado.

Le han hecho daño,

y no puede —ni quiere— olvidar.

Lo abrazo fuerte,

mi corazón,

porque sufre tanto,

y ahora solo tiene a mí

para darle un poco de calor.

Espera en vano,

mi corazón,

y siento que duele

cuando lloramos.

Y en ese silencio,

late herido,

casi sin esperanza.

Pero volverá a cantar,

y le sonreiré,

porque solo me tiene a mí, mi corazón.

AHORA TÚ: ACTIVIDAD: TRANSFORMA TUS EMOCIONES

1. Detecta la emoción y llámala por su nombre

Cuando sientas una emoción incómoda, detente y reflexiona.

Respira profundamente y dale un nombre: ¿es tristeza, enojo, miedo, frustración, culpa, ira...?

A veces es difícil comprender lo que sentimos, porque la mayoría de las veces no se trata de una única emoción, sino de diferentes emociones que se mezclan.

Ejemplo: "Estoy experimentando una emoción que es una mezcla de frustración y enojo."

2. Permítete sentirla (sin juzgarla y sobre todo sin juzgarte a ti mismo)

No la rechaces ni intentes disfrazarla o cambiarla. Obsérvala simplemente, como una señal o un mensaje.

Puedes decirte:

"Esta emoción quiere decirme algo importante en este momento de mi vida. No es ni buena ni mala, simplemente existe en mí y la siento."

3. Pregúntate: ¿de qué necesito ahora?

Explora con curiosidad y amor:

- ¿Qué me falta?

- ¿Qué está pidiendo exactamente esta emoción? ¿Acción? ¿Pausa? ¿Reflexión?

- ¿Qué necesito darme o pedir?

Ejemplo: "Esta frustración me está diciendo que necesito descanso o ser escuchada."

4. Responde con cuidado

Piensa en una acción amable hacia ti mismx.

Puede ser concederte una pausa, hablar con alguien, escribir, dibujar, escuchar música, moverte, poner límites, decir que no...

Ejemplo: "Llamaré a mi amiga y le pediré hablar con ella" o "Me permitiré descansar esta noche."

5. Agradece la señal

Concluye reconociendo que la emoción te ha ayudado a conectar contigo mismx.

Puedes decir: "Gracias por mostrarme lo que necesitaba. Estoy aprendiendo a escucharme."

Sentido

Un deseo desmedido,

lágrimas que luchan por salir,

me asaltan sin tregua.

Derriban la pared de vidrio

entre mí y el mundo.

Tristeza,

maldita tristeza que llega

cuando no quiero,

que me envuelve

cuando no la necesito.

Música fuerte

flota en la habitación,

para darme coraje,

para cubrir la oscuridad,

para cantar la luz

que no está.

Y otro día

transcurre sin sentido.

Cierro los ojos,

siento el dolor,

dolor en el pecho,

la duda persiste,

el miedo me asalta,

las lágrimas limpian,

lentamente.

¿Pero por qué no?

Quizá porque sí...

EN EL SILENCIO

En el silencio

caen mis lágrimas.

En el silencio

se pierden mis oraciones.

En el silencio

corren mis recuerdos.

Y juro

que nunca dejará de vivir en mí.

Y escucho el silencio

sintiéndolo cerca.

Y escucho el silencio

durmiéndome con sus recuerdos.

Porque él seca mis lágrimas.

Ahora tú: Actividad: Reflexiones sobre la pérdida

A todos nosotros, tarde o temprano, nos ha pasado perder a una persona amada.

Sin embargo, incluso cuando el vacío parece insoportable, podemos seguir amándola en el recuerdo, conservar el vínculo que nos unía, dejando que el dolor, poco a poco, cambie de forma.

Cuando mi padre se fue, hace años, creía que ese dolor nunca se transformaría.

Era una herida viva, que quemaba cada día.

Hoy, en cambio, le hablo.

Toco sus fotografías, sostengo en mis manos los objetos que le pertenecieron, y en esos gestos siento que el hilo entre nosotros no se ha roto.

Es difícil describir esta sensación: siento un amor que lleva consigo la ausencia, pero también la alegría de reencontrarse, dentro del alma.

• ¿Y tú? ¿A quién llevas en el corazón con amor y con una dulce, conmovedora melancolía?

• ¿Cómo podrías nutrir ese vínculo, aunque no esté presente físicamente, y dejar que el dolor se transforme en una caricia?

Piensa en rituales o símbolos que puedan acompañarte...

Escribí "Nell'aria" hace años, para vivir ese momento de pérdida tan grande.

"Nellària" forma parte de mi álbum "Brividi".

Escúchalo aquí.

Apple Music   Spotify

CONFUSIÓN

Pensamientos se persiguen confundidos

y sentimientos desnudos

se abren

al borde del silencio.

Necesito ir

donde el sol no toca la tierra,

donde reina la luna,

donde el alma descansa

a la sombra de la soledad.

Allí,

el tiempo se disuelve

como niebla entre los dedos.

Allí,

la memoria deja de doler

y los ecos se vuelven canto.

Camino sin peso,

sin prisa,

sobre un suelo de sombras suaves,

y el aire,

finalmente, no exige respuestas.

Quizá no haya promesas,

ni rostros,

ni futuros,

pero hay paz…

una paz que no necesita nombre.

En ese lugar,

donde nadie me espera,

puedo ser un alma

que se olvida de sí misma

y, al hacerlo,

se encuentra.

RÍO

Río,

para esconder la melancolía,

para enmascarar la tristeza

que se esconde en lo que miro.

Sonrío,

mientras dentro de mí

algo se apaga en silencio,

como la última luz

de una casa vacía.

Y mi corazón,

frágil y vasto al mismo tiempo,

se expande,

inmenso y vulnerable,

cuando veo morir el sol

tras el horizonte,

en el mar,

lentamente,

como una despedida sin palabras.

FE

Sonrío al mundo,

alegría que florece,

felicidad que se siente en el aire.

Celebremos el día,

cantemos en la noche,

toma mi mano

y corramos juntos

hacia la montaña.

Entre las flores ríen los prados,

los pájaros entonan coros,

y el sol, como un amigo,

acaricia nuestro rostro.

Cada paso es una fiesta,

cada respiración es un regalo:

la vida es una chispa,

y el corazón danza ligero,

porque el amor es fiesta infinita

y nosotros somos su melodía.

AHORA TÚ: ACTIVIDAD:
EMOCIONES Y COLORES

Nuestras emociones son mensajes valiosos, verdaderas guías silenciosas que revelan las necesidades ocultas del cuerpo y del alma.

Tomarse un instante para detenerse y escuchar nos da la gracia de responder con conciencia al ritmo frenético de la vida.

No siempre nuestros patrones emocionales nos conducen hacia lo que el corazón realmente desea.

La rutina, lamentablemente, no es sinónimo de calidad.

Por eso, detenerse es un acto de amor y cuidado hacia nosotros mismos.

Ahora, haz una pausa y respira profundamente.

∞ Pregúntate con sinceridad: ¿qué estoy sintiendo realmente?

Sin prisa, sin juicios, sin buscar respuestas correctas o incorrectas, simplemente acoge lo que surge.

Ahora elige dos o tres lápices de colores —o incluso más— con los tonos que en este momento resuenan con tu emoción.

Deja que la mano dibuje libremente, sin restricciones ni expectativas. La próxima página en blanco espera tu dibujo.

No se trata de crear belleza o perfección, sino de permitir que la emoción fluya a través de formas y colores.

Cuando el dibujo esté completo, observa con calma lo que has creado.

∞ ¿Qué te cuenta?

∞ ¿Qué secretos de ti mismo se revelan en esas líneas y tonalidades?

LO QUE QUEDA

Tengo muchos sueños,

algunos más lejanos que otros.

He tenido muchos sueños,

y muchos han caído en silencio,

otros en lágrimas y recuerdos,

en esos momentos

que nunca volverán.

Frustración,

la impotencia permanece.

Y quedan preguntas,

y dudas,

y el vínculo

con imágenes,

con aromas

de momentos lejanos,

de cuando ella me abrazaba fuerte.

Melancolía,

las lágrimas permanecen.

Y no quiero crecer,

envejecer

sin certezas

y sin el calor

de una piel amiga.

PUESTA DEL SOL

Un color brillante

cubre la ciudad dormida,

pinta de oro los tejados,

se derrama sobre las casas,

sobre las chimeneas humeantes.

Ese enrojecimiento grisáceo,

el último suspiro

del saludo del sol,

despierta miradas

de ojos lejanos.

Me siento tierna y mortal,

dulce criatura terrenal,

sensible a los colores que mueren,

a la vida que nace.

Los pensamientos vuelan,

como aves sin rumbo,

sobre las nubes que se convierten en sombras,

dibujando mapas

de emociones sin nombre,

de miedos callados,

de armonías que duelen.

MIEDO

¿Cómo te llamas?

Quisiera conocerte.

Pero no puedo amarte,

y aún no sé si podré aceptarte.

Te siento fría sobre mi piel.

Llegas sin aviso,

me atacas cuando menos lo espero

y me robas la calma de la mente.

Te acercas en silencio,

me susurras al oído,

y sin palabras,

me inmovilizas.

Me dejas atrapada

en hilos invisibles,

donde mi corazón se detiene

y ya no puede volar.

Lucho,

debo alejarte.

Quizá no matarte,

pero al menos ahuyentarte,

por un tiempo, por un día,

quizá para siempre.

Quiero llamarte hacia mí

cuando esté lista,

cuando me sienta fuerte,

cuando el cansancio

me pida verte,

pero no temerte.

Déjame respirar.

Déjame en paz.

Vuela y transfórmate.

Y disuélvete lejos de mi vida.

AHORA TÚ: ACTIVIDAD: AHUYENTA EL MIEDO

Te propongo esta actividad para dejar ir tu miedo en seis pasos.

Reconoce el miedo, compréndelo y reduce su poder sobre ti.

El miedo es un muro invisible que nos separa de nuestros sueños. Nos inmoviliza, nos hace dudar de nosotros mismos y de los demás, y nos impide vivir plenamente.

Temer demasiado significa renunciar a la libertad de intentar, de caer, de aprender y de levantarse.

Solo cuando miramos al miedo a los ojos y decidimos actuar a pesar de todo, descubrimos lo pequeño que era en comparación con lo que somos capaces de hacer.

Ahora piensa intensamente en una situación en la que sientas miedo.

1. Nómbralo, dale un nombre.

Escribe: ¿Qué miedo estoy sintiendo hoy?

Sé específico/a: por ejemplo: miedo al rechazo, al fracaso, al error, a la soledad, a no ser suficiente, etc.

2. Descríbelo

Como si fuera un objeto, una persona o una criatura, también puedes darle una forma, uno o más colores:

¿Cómo aparece?

¿Dónde lo siento en el cuerpo?

¿Habla? ¿Qué voz tiene?

¿Qué me dice?

Ejemplo: "Es una figura alta y delgada, con cabello y ojos negros, con una voz áspera y dura. Se sienta sobre mi pecho, pesa y me dice que no soy buena y que no soy capaz."

3. Pregúntale: "¿Qué quieres decirme? ¿De qué me estás protegiendo?"

Atención: Detrás de cada miedo hay una intención (aunque desadaptativa) que proviene de nosotros mismos, de nuestras experiencias.

>¿Está tratando de evitar que cometa un error? ¿Que sufra? ¿Me está avisando de algo real? ¿O de algo que pasó y que hoy ya no existe?

>Escribe lo que te responde o lo que intuyes.

4. Responde

Ahora escribe una pequeña carta, frase o diálogo a ese miedo.

>Agradece la intención, pero hazle saber que ahora puedes cuidarte de otra manera. Puedes decirle que ya no la necesitas todo el tiempo, o que puede descansar. No la alejes con agresión.

5. Elige una acción que consideres pequeña y valiente

Piensa:

∞ ¿Qué haría hoy de manera diferente si ese miedo no estuviera dentro de mí?

Ahora: hazlo. Incluso si es un paso mínimo, o exponte gradualmente al miedo con gratitud y atención.

6. Ritual de liberación (opcional)

Si quieres y si el miedo te ha causado problemas durante mucho tiempo, puedes elegir una de estas acciones:

Quema, rompe la hoja o tírala al agua.

Cuélgala donde puedas leerla de vez en cuando.

Conserva el mensaje en un frasco como símbolo de haberlo afrontado.

Retoma el mensaje después de un tiempo y reelabóralo, cámbialo según tus nuevas emociones y situaciones.

Inmensa vastedad

Sentada en estos escalones fríos,

abrazada por mi propio calor,

la tristeza se ha sentado justo a mi lado.

Todo es silencio,

él se ha ido.

Parecen bromas del destino

que juega con hilos invisibles

y me hace caer,

haciéndome sentir

un grano de arena

en una playa inmensa.

Y me siento pequeña,

casi inexistente.

Sin embargo, siento,

respiro aún,

estoy viva,

pero árida,

como si el mar hubiera desaparecido

y esa playa

se hubiera transformado en un desierto.

ESPERANZA

Espero el viento,

que cambiará mi vida.

Espero el sol,

que me calentará.

Espero la noche,

porque me gustan la luna y las estrellas.

Espero el día,

porque veré los árboles,

el mar y los prados.

Aunque no la espere,

llegará la muerte.

No tengo miedo

porque veré la verdad.

RECUERDOS

Momentos de días de sol

pasados rápidamente,

extensiones de prados inmensos,

sed de felicidad.

Pienso en ti,

como en un sueño,

me he despertado.

Déjame volver

a dormir todavía,

déjame descansar

entre tus brazos,

porque es amor

y amor será.

NOCHE CUSTODIADA

Siento el día

morir lentamente

y la noche nacer

en tus ojos cansados.

Me apoyo en silencio

en la sensación de calma

y tranquilidad

a tu lado.

No me arrepiento de nada.

Lloro todo.

Tiemblo por dentro.

Sonrío por fuera.

Alma cálida

que toca la tuya.

Y yo caigo en ti.

Paz entre las sábanas

mientras el manto oscuro

nos abraza lentamente.

ESCALOFRÍOS

Siento los escalofríos llegar otra vez

Cierro los ojos y te siento mío

Siento tus besos rozarme apenas

Tus manos me tocan la espalda

Siento tu cuerpo adherirse a mi piel

Abro los ojos y te veo mío

Veo tus manos acariciarme los brazos

Adoro acariciar tu rostro

Todo el mal del día desaparece

Me dejo llevar entre tus brazos

Eres el aire que respiro durante el día

Eres el sueño que necesito por la noche

Eres las lágrimas de mi pasado

Eres la luz de mi futuro

Y te beso el cuello lentamente

Cierro los ojos y te veo mío

Te respiro y te doy mi corazón

Mi alma está loca de amor

Todo el mal del día desaparece

Me dejo llevar entre tus brazos

Escucha "Brividi" de mi álbum homónimo.

Apple Music   Spotify

Tercera parte: Yo... tú y los demás

Entre la gente

Veo gente pasar,

rostros fugaces,

miradas perdidas en su propio camino.

Me equivoco.

Nadie mira,

nadie siente.

Estamos aquí,

juntos,

pero ausentes.

Un sonido me despierta,

levanto la vista,

pero, aunque corro,

grito y salto,

para mostrar

que yo también existo,

nadie me mira,

nadie me escucha.

Como un robot,

el mundo sigue adelante,

atrapado en su indiferencia.

En su blanco y negro.

En sus matices de gris.

De repente, un rostro violáceo

me mira, me escucha.

Sus ojos arden,

su voz me pregunta:

¿Eres una de nosotras?

AHORA TÚ: ACTIVIDAD PARA PONER BARRERAS SALUDABLES

Reflexiona sobre las relaciones que forman parte de tu vida y decide, conscientemente, qué tan cerca o lejos deseas tener a cada persona, según cómo te hacen sentir o el impacto que tienen en ti.

Te propongo esta actividad:

Piensa en las personas más presentes y cercanas en tu vida, como la pareja, familiares, amigos íntimos, colegas, etc.

Ahora colócalas dentro de los círculos (figura en la próxima página), según la cercanía emocional o la comodidad que sientes con ellas, como se describe a continuación:

Círculo más interno (zona íntima): Personas con las que te sientes segurx, libre y apoyadx.

Zona mediana, entre el círculo intermedio y el más interno: Personas con las que convives o compartes momentos, pero que no forman parte de tu zona íntima.

Circunferencia neutra, entre el círculo externo y el círculo mediano: Personas que requieren ciertos límites o precaución.

Zona externa, fuera del círculo más externo: Personas que te causan malestar, presión, dolor o de las que necesitas tomar distancia emocional.

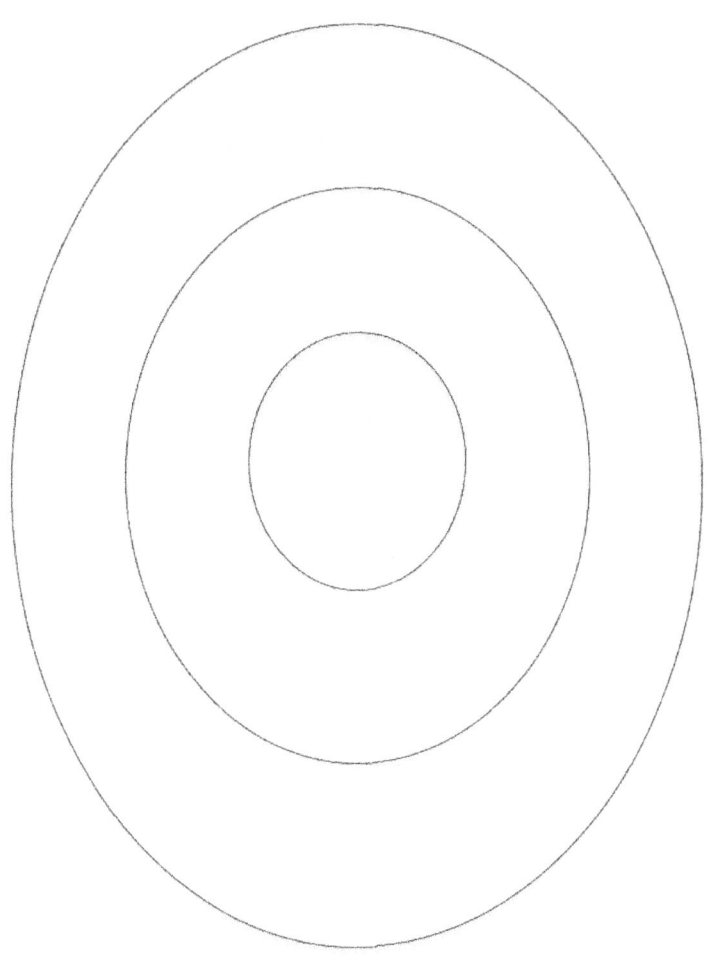

Reflexiona después de haber colocado los nombres como se indicó:

∞ ¿Cómo me siento al ver este mapa de mis relaciones?

∞ ¿Me cuesta poner límites? ¿Qué me lo impide?

∞ ¿A quién me gustaría alejar más?

∞ ¿Qué personas me gustaría acercar, pero aún no sé cómo?

IMPORTANTE:

Repite estas frases dentro de ti o en voz alta:

Tengo derecho a decidir quién entra en mi espacio, cómo y hasta qué punto.

Poner barreras no significa rechazar a alguien: significa protegerme.

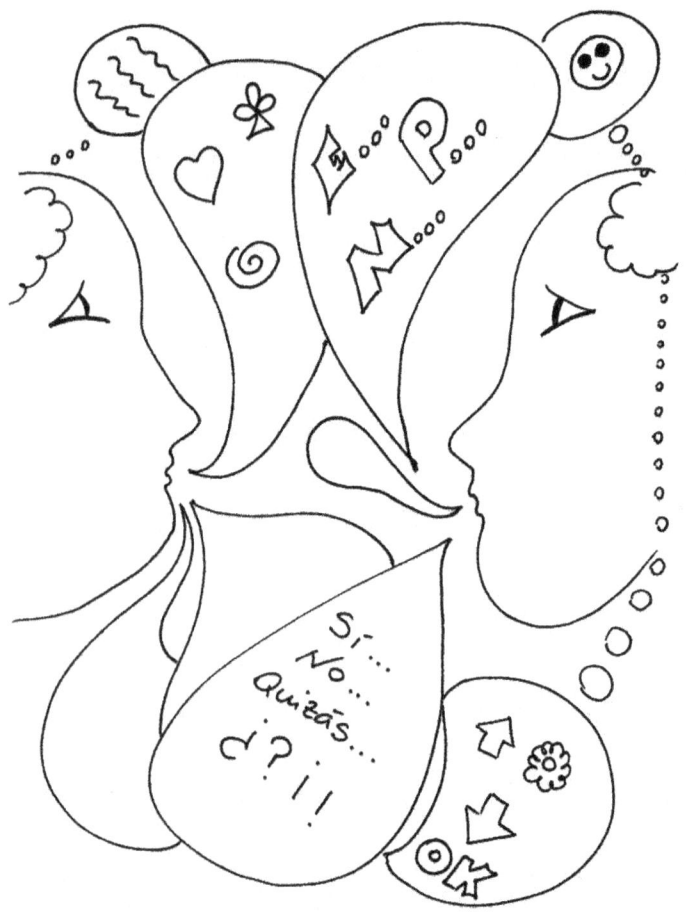

IMPEDIR

Impedir el amor no es humano.

Impedir la alegría es inhumano.

ÉL Y YO

Vivir es amar.

Quiero vivir para amar.

SIEMPRE EN MÍ

Si el mundo, por un instante,

se hubiera detenido en tus ojos,

toda una vida nos habría acogido

en el brillo de tus ojos

que escondían la melancolía

de los días pasados

al sol de tu balcón

al sonido de un piano melódico

que recordaba los años que pasaron.

Un día sin fin,

hecho de gestos sencillos,

de miradas que comprenden

sin palabras.

Si el mundo,

ingrato y veloz,

hubiera dejado de girar estando contigo,

no habría miedo ni nostalgia,

ni ausencias que duelen.

Solo el dulce consuelo

de saber que estuviste a mi lado.

Si tú estuvieras aquí, ahora,

para calmar estos pensamientos,

bastaría tu mano sobre la mía

para darme paz,

de amor sin condiciones,

de esas alegrías que no necesitan explicaciones.

Cuántos años han pasado

Cuántas lágrimas han caído

de mis ojos

en mis días de soledad

por verte caminar junto a mí.

Pero soy feliz.

Lloro de alegría.

Estoy llena de amor.

Porque he aprendido que la verdadera unión

no siempre necesita presencia:

vive en la memoria compartida,

en los abrazos que aún nos sostienen,

en las voces amigas que resuenan

aunque el silencio sea largo.

Quizá el mundo se ha detenido,

no por ausencia,

sino por la alegría de haberte amado,

de haber reído juntos,

de saber que, en algún lugar,

seguimos siendo los mismos

cuando estamos unidos.

Aunque ya no estés.

Descansa en paz.

POR TI

Amor puro

sobrevive al tiempo,

permanece intacto

inmune a las tormentas,

y nunca traiciona.

El corazón

que alberga amor puro

llora en secreto,

nunca deja de amar

y nunca traiciona.

Aunque llore en silencio,

aunque se desgaste en la espera,

nunca deja de amar,

no traiciona jamás,

porque su amor es fiel

como la luna al cielo,

como las estrellas al firmamento.

Y aunque el tiempo lo ponga a prueba,

y el mundo lo desafíe,

el amor puro permanece

un refugio invulnerable,

una verdad que resplandece

en lo más profundo del ser.

Ahora tú: Actividad: El verdadero amor

¿A quién amas con amor puro? ¿Incondicional? ¿Verdadero? No hablo solo del amor romántico hacia una pareja, sino también del amor entendido como admiración, afecto y deseo de bienestar para alguien.

Si has identificado al menos a una persona, aquí tienes algunas preguntas para reflexionar:

1. ¿Cuánto la/le amas sin esperar nada a cambio?

2. ¿Eres capaz de aceptar sus defectos y debilidades como parte de quién es?

3. ¿Tu amor crece o se mantiene constante incluso cuando hay distancia o dificultades?

4. ¿Te hace feliz la alegría de esa persona, sin necesidad de ser protagonista?

27 NOVIEMBRE

Sé que estás, y eso basta.

Basta para que el día pese menos,

para que el corazón encuentre su centro

en medio del ruido.

Sé que me amas,

que en silencio me sostienes.

Sé que me ayudas,

aunque no lo diga.

Y me impulsas

como el viento que no se ve

pero mueve las hojas.

Sé que piensas en mí,

que tu pensamiento me abraza

cuando el mío se nubla.

Sé que me animas,

que solo recordarte

hace que mi paso sea más seguro.

Siento todavía el perfume de tu piel,

mezcla de hogar,

de tardes cálidas en la cocina,

de cuentos susurrados antes de dormir.

Recuerdo el corazón de plata

que ahora guardo en una cajita de madera,

alegría más preciada.

Siento el calor de tus manos,

las que curaban sin medicina,

que tejían el mundo

cuando aún era pequeño.

Te extraño.

Mamá,

mi raíz más profunda,

mi voz cuando falta la mía,

mi hogar al que siempre regreso,

aunque no haya distancia.

TÚ NO ESTÁS

He intentado llorar de tristeza,

pero no tenía suficientes lágrimas.

He intentado gritar de desesperación,

pero mi voz no fue suficiente.

Sentí mi corazón romperse

por el dolor de no verte jamás.

Y aún por encima de estas nubes,

en el inmenso cielo,

no logro encontrar paz

pensando en el tiempo que vendrá sin ti.

Y en vano me pregunto qué haces,

qué piensas,

sabiendo que ya no estás allí.

Y las lágrimas empapan mi rostro,

conozco su sabor.

Te extraño

y te extrañaré

hasta que mis ojos se cierren

para volver a verte.

OTRA VEZ

Una vez más

me encuentro

sola, como entonces.

Errores,

sin intención,

resuenan en la mente.

Con pasos ligeros,

en silencio,

me fui.

No te di tiempo de gritar,

de llamarme,

de hablarme.

Ni esta vez comprendo

el peso sordo del vacío,

esa ausencia que no avisa,

que no se deja tocar,

que no se deja ir.

Lo intento de nuevo,

sola, como entonces,

y comprendo aún más

cuán humana soy.

Me acerco de nuevo al mundo perdido,

no me pesa estar sola,

pero sentirme sola

no podría.

Las amigas de siempre

me abren los brazos,

me sostienen.

Como entonces.

Con esa fragilidad que tiembla

y esa esperanza que regresa

aunque no la llame,

pero sé que está y existe.

Vida de humana

mortal,

necesaria,

social,

amiga.

AHORA TÚ: ACTIVIDAD: LA SOLEDAD COMO COMPAÑA

Te ofrezco este momento para comprender qué es la soledad a partir de tu experiencia personal y explorar las formas en que puede convertirse en una oportunidad de crecimiento interior.

Paso 1: Expresa aquí (con dibujos, palabras, formas, colores...) qué es para ti la soledad.

Mientras das forma visual a tu concepto personal de soledad, piensa en las siguientes preguntas:

1. ¿Qué siento cuando estoy solo/a?

2. ¿Cuál ha sido mi experiencia más significativa con la soledad?

3. ¿Asocio la soledad con algo negativo o positivo? ¿Por qué?

4. ¿En qué momentos elijo estar solo/a? ¿Y en cuáles lo evito a toda costa?

Paso 2: Lee tus respuestas y observa lo que ha surgido

¿Hay algo que te llame la atención?

Paso 3: Transforma tu visión

Ahora escribe una breve lista de maneras saludables de aprovechar la soledad para ti mismo/a, por ejemplo:

¿Qué podría hacer en mi soledad para aprovechar el momento? Podría:

∞ Dibujar, pintar, colorear

∞ Dedicarse a otras actividades artísticas

∞ Meditar o respirar conscientemente

∞ Leer

∞ Ordenar mi armario

∞ Escribir un diario, una novela, poemas

∞ Aprender algo nuevo sin distracciones

∞ Cuidar las plantas, mi jardín o mi terraza

∞ Escuchar mi música favorita

∞ Buscar las letras de las canciones que escucho, leerlas y cantarlas

∞ Caminar sin rumbo y observar el mundo

∞ Ir a la ciudad y tomar una bebida sola/o

∞ Cocinar

∞ Pasar tiempo con las mascotas de casa

∞ ......

Paso 4: Cierre y compromiso

Concluye con una frase de compromiso contigo mismo/a, como:

"Hoy elijo ver la soledad como un espacio importante y sagrado donde puedo disfrutar, conocerme, cuidarme y crecer."

Mi frase es / mis frases son:

PORQUE LO SÉ

He comprendido muchas cosas

contigo.

He olvidado otras cosas

a tu lado.

He amado cosas nuevas

tomándote la mano.

Cada mañana sé

por qué vivo.

Cada noche sé

por qué existo,

a tu lado,

porque aún estoy aquí,

y porque mañana sonreiré,

con tu cercanía,

ahora lo sé.

Sé que es amor

este amor vivo

que me sostiene

a tu lado.

TE SIENTO AQUÍ

Te encuentro

en mi sonrisa,

en mi piel,

en mis huesos,

en mis ojos.

Es la sensación infinita de la vida,

de una gran llama poderosa

que guardo en mi corazón.

Eres el recuerdo en mi sangre,

eres la arena de mi infinito,

estás presente en cada momento.

Te siento en el aire,

ahora sé que estás ahí.

En el aire a mi alrededor.

Siento que estás en mí.

Vivo y te recuerdo,

hablo de ti con quien no te conoció,

siento tu presencia en el jardín de casa,

vivo a tu lado sin verte.

Te extraño, papá.

FRÍO

¿Cuánto tiempo necesito aún

para entrar en tu reino?

He recogido tus brotes

para no hacerte más daño,

te he dado mis flores

para no verte llorar,

y, sin embargo, no he logrado

romper el hielo de tu invierno

cuando en mí volvió la primavera.

AHORA TÚ: ACTIVIDAD: RELACIONARME CON LOS DEMÁS

Prueba: ¿Qué sé hacer ya bien? ¿Qué podría desarrollar y mejorar?

Evalúa estas habilidades de 0 (nada) a 10 (excelente):

Escuchar con atención	
Dar mi opinión sin herir y con respeto.	
Reconocer lo "bueno" en los demás y dar retroalimentación positiva.	
Poner límites con respeto	
Pedir perdón	
Aceptar críticas sin ofenderme	
Usar tono de voz respetuoso	

Saber decir NO sin sentirse culpable	
Pedir claramente lo que necesito	
Dar valor a lo que siente la otra persona	
Pedir permiso para dar mi opinión con respeto	

Mini-Reto: "Un gesto al día"

Elige una acción de la lista del test de arriba para ponerla en práctica en los próximos días.

Por ejemplo:

- Hoy diré "No" con respeto si no puedo o no quiero.

- Hoy escucharé sin interrumpir.

- Hoy estableceré un límite con claridad y calma.

Reflexión:
∞ ¿Cómo puedo relacionarme mejor con los demás?

∞ ¿Qué quiero transformar/cambiar/optimizar en mi manera de relacionarme con los demás?

∞ ¿Qué tipo de relaciones deseo atraer y construir?

Pueblo de campo

El cielo azul nos cubría,

claro y generoso sobre el campo abierto.

El calor doraba las espigas,

el viento rozaba apenas los álamos,

y en el silencio resonaba el canto de una cigarra.

La vieja bicicleta crujía al rodar,

compañera fiel de las horas lentas.

Los nuevos amigos reían sin motivo,

inventábamos juegos sin reglas,

y al volver a la casa de campo

yo daba nombre a las estrellas al caer la noche.

El mundo era simple en aquel mes de agosto,

hecho de polvo en los senderos,

de sandías frescas cortadas a medianoche,

y de perros dormidos bajo la sombra.

Vuelvo a ver su mano amiga,

acariciando la mía, desnuda y clara,

como si el tiempo, por un instante,

retrocediera sobre sus pasos.

Y entonces recuerdo veranos caminando hacia el mar,

con la ventana abierta para dejar entrar el sol,

cuando la brisa traía promesas saladas

y los días se abrían como flores lentas.

Las noches eran tranquilas,

llenas de grillos y luciérnagas,

de cuentos susurrados,

y de sueños sin prisa.

Las voces amables y queridas

que nos llamaban desde la granja,

desde la cocina,

desde el corazón mismo del patio,

nunca volverán a sonar.

Pero en cada luz del atardecer,

en cada eco de una risa perdida,

en cada rincón de aquel pueblo dormido,

vuelven, silenciosas, a vivir dentro de mí.

PALABRAS EN MI ALMOHADA

Palabras que vuelan

Más allá de mi cabeza

Se tumban en mi almohada

Palabras que cortan

El alma y duelen

Ojalá pudiera volver atrás

En mi sangre yo te siento palpitar

En mi mente yo te oigo hablar

No puedo recordar tu cara

Tus ojos, tu expresión

Solo recuerdo tus palabras

Un golpe sin ninguna razón

Y las lágrimas saladas sobre mi cara

Sobre mis manos

Y una mancha que no se puede limpiar

Llovió mucha agua

Nos quemó mucho sol

Ahora puedo mirar atrás

Historias que te cambian

Cicatrices del alma

Huellas que se borrarán

Se dice que el tiempo nos ayuda a olvidar

Entre la espera y el perdón te oigo hablar

"Palabras en mi almohada" es parte de mi álbum "Esencia femenina".

Escúchalo aquí

MI MUNDO

Gira y no se detiene,

este mundo

lleno de novedades,

de cosas que jamás descubriré.

Un gato y un árbol

hoy me hacen sonreír,

bajo un cielo despejado,

en este jardín vivo

donde me encuentro girando.

El agua me da calma,

y el mar —desde lejos—

me abraza en silencio

con su presencia constante,

susurrando suavemente.

Siento el impulso de la vida:

tierra y fuego,

agua y aire,

todos se unen en mí.

Amigas y amigos a mi alrededor,

sonrisas que se entrelazan,

manos que se rozan,

voces que hacen este lugar

aún más hogar.

Su presencia

me anima a cerrar los ojos,

a respirar y sentir

la alegría compartida

como viento suave en el rostro.

Vivo entre campos y montañas,

entre el cielo y el mar,

donde el día es claro

y la noche tiene estrellas,

donde la lluvia es bienvenida

y el sol calienta el aire.

Camino por senderos ocultos,

entre flores silvestres y arroyos plateados,

escuchando el canto del viento,

el murmullo de las hojas,

y las risas de quienes caminan a mi lado.

Aquí cada amanecer pinta el mundo de nueva luz,

y cada atardecer trae consigo

el dulce silencio del descanso.

Cada estación cuenta historias

de vida que renace y cambia,

de emociones que fluyen como ríos

entre colinas y bosques antiguos,

y de los lazos que hacen todo más vivo.

Vivo aquí, donde el tiempo parece suspendido,

donde el alma respira libre

y el corazón encuentra paz

entre el cielo infinito, la tierra que acoge

y las personas queridas que hacen especial cada
instante.

Este es mi hogar soñado,

hecho de silencio y sol,

de sonrisas compartidas

y de la magia simple

de mi mundo sin secretos.

TE INVENTARÉ

¿Quién me habla cuando la noche me abraza en silencio?

¿Quién me besa cuando mi cuerpo quiere calor?

¿Quién me mira cuando mi alma se desnuda bajo la luna?

¿Quién me llama con mi nombre cuando el día se hace oscuro?

Siempre pienso que aquel día llegará.

Ahora que te extraño sé que un día quizás.

Te inventaré, un día te inventaré.

Sentiré tus manos grandes abrazarme bajo las estrellas

Te imaginaré, un día te crearé.

Tras un sueño de madrugada yo me despertaré.

Y a mi lado por una vez   te encontraré.

¿Quién cuida de mi cuando el tiempo avanza lento?

¿Quién me abraza enamorado cada vez que llego a casa?

¿Quién me sonríe cuando no hay luz entorno a mí?

¿Quién me hace reír cuando la lluvia me deprime?

En mi vida sigo buscando en la oscuridad.

No veo ni la luz ni las ganas de descubrir más.

Quizás en otro lugar tú estás buscando a mí.

Que el cielo nos enseñe el camino.

La Reina de la noche

Voces de niños cansados caen

desde un cielo de estrellas blancas

y sobre la montaña una gran luz.

Nos mira incansable durante toda la noche,

dulce compañera de largas vigilias nocturnas,

dulce y querida amiga de pesadillas interrumpidas,

silenciosa espectadora de noches de amor.

En tus ojos cansados y marcados

vive un amor antiguo,

un hábito que nunca se cansa.

Dulce y clara poesía de escritores románticos,

que ven en ti un maravilloso misterio.

Te confían sus extraños secretos y tú nunca hablarás.

Observas este extraño mundo

desde donde pocos pueden alcanzarte.

Pureza luminosa incontaminada de deslumbrantes resplandores
nocturnos.

Ni siquiera el rey del día es comparable a ti.

Esfera mágica en el vacío infinito donde nada te superará jamás.

Enamorados de ti son muchos amantes y tú eres su símbolo.

Cuántos corazones has oído romperse y cuántos has visto unirse.

Belleza cargada de pureza visible, en ti nada perderá su valor.

Dominas desde lo alto el sueño de esos niños que, exhaustos, caen en ti.

Dominas desde lo alto el llanto silencioso de quienes por amor se dirigen a ti.

Quién sabe cuántos poemas, cuántas plegarias y cuántas canciones llevan tu nombre.

Mañana el rey del día regresará, alto, cálido y luminoso.

Pero ni siquiera él es comparable a ti.

Cuarta parte: La flora y la fauna

LIBRE

Caballos que corren

rápidos en el viento

como nunca antes pudieron correr.

Una imagen de fuerza,

de sintonía,

de armonía.

Respiran bajo el sol,

viven en la luz

y mueren en el silencio.

Caballos blancos

me asaltan en el sueño

en un sueño claro,

y me retienen con ellos

por un momento eterno.

Se detienen un instante

y allí

la imagen permanece en la mente

para siempre.

Quiero volver a soñarlos,

a correr con ellos,

para vivir mi libertad

una y otra vez.

ROSA

Hermosa.

Dulce amiga sin palabras.

Te observo,

te cuido,

agua todos los días.

Atención cercana y

caricias del alma

que regresan

cada vez que te miro.

Suspiro de un pétalo que cae.

Se disuelve un nudo en la garganta,

y te miro atentamente

para no llorar.

Vuelan recuerdos

y colores intensos de fucsia y magenta

que se mezclan con el sol y la pared.

Por la mañana me llamas

y por la noche me saludas.

Eres parte del corazón,

del jardín encantado de mi vida,

de la mirada que no ignora,

de la vida que me sostiene.

Gracias.

SENDEROS

Olor a prado mojado,

la lluvia nos cubre suavemente,

vida nómada y un camino largo.

Árboles y montañas blancas

se muestran al silencio,

como en un cuento

brillan a la luz del día.

Mis pasos no buscan un destino,

sino sentido en el camino,

sentido sin giro,

sentido sin regreso.

Cada curva, una pregunta,

cada subida, una duda,

cada calle cerrada, un grito,

cada parada, un recuerdo.

Y tú que caminas conmigo,

¿no me preguntas a dónde vamos?

Tal vez basta con escuchar

el sonido

del agua,

del susurro de las hojas,

de los pájaros en el cielo,

y nuestra respiración que permanece

en la mente,

se oscurece con la luna

para buscar las estrellas,

esas estrellas lejanas

que ya no brillan.

OJOS EN LA OSCURIDAD

Te veo adormilado

a mis pies

sobre la sábana de lino blanco,

veraniega y fresca,

acurrucado en la brisa

de la ventana abierta.

Pelo brillante,

negro como la noche,

belleza sobrenatural,

perfecta y sinuosa.

Te admiro.

Abres los ojos

suavemente

y me miras.

Veo amor

en ese amarillo brillante.

Te escucho maullar con dulzura

porque entiendes

mi mirada

dirigida a tu luz.

Cierro los ojos

para no invadirte,

los abro para no ofenderte,

sonrío porque eres tú quien me invade

con ternura.

Duerme, tesoro,

ángel negro sin alas,

duerme a mis pies,

yo duermo mejor

cuando estás tú.

SUSURROS VERDES

Silencio

de una red de savia oculta,

habla con la frescura del verde,

baila con el viento

sin hacer ruido.

Manos subterráneas,

secretos de agua y de luz,

mientras las ramas escriben en el aire

el alfabeto de las estaciones.

Cada hoja es una letra,

escrita en un idioma lejano,

que solo el corazón atento

puede aprender a leer.

En cada tronco reposa una historia,

cada corteza guarda

la memoria de la luz,

el susurro de lluvias antiguas.

Me refugio a tu sombra,

respiro tu aire,

y escucho el silencio

de la naturaleza viva.

AHORA TÚ: ACTIVIDAD: TIEMPO PARA TI

Paseo consciente (mindful walking) en la naturaleza.

Te propongo esta actividad para: desarrollar presencia, reducir el estrés y estimular la observación.

Sería ideal hacerla regularmente; ¡comienza cuando puedas!

1. Ve a un parque, bosque o a lo largo de la costa. Puedes ir sola o acompañada de alguien de confianza con quien puedas caminar en silencio. Si quieres, invita a esa persona a hacer la misma actividad.

2. Camina despacio, en silencio, observando plantas, pájaros e insectos. Absorbe cada color, forma, sonido y ruido con tus sentidos, como si fuera la primera vez que lo notas.

3. Lleva contigo un pequeño cuaderno: anota tus sensaciones, pensamientos, colores y lo que más te guste.

4. Después del paseo, escribe un breve texto inspirado en lo que percibiste. Puedes escribir un poema, una historia, dibujar… Déjate inspirar por este momento único y dedicado a ti.

Anótalo aquí o en un diario o cuaderno personal.

LAS GAVIOTAS

Vuelan alto,

como ligeros pensamientos,

sobre los tejados blancos

y sueños sinceros.

Balanceándose en el cielo

cantan suavemente.

Y mientras los observo

el mundo se detiene,

poco a poco

me tiende la mano.

Los veo girar

en el azul feliz.

Qué envidia verlos

tan despreocupados,

sus alas me fascinan

y los sigo con la mirada,

mi corazón respira,

mi mente se serena,

mi cuerpo descansa.

Dadme un poco de la libertad

que lleváis en vuestras plumas,

para volar alto,

dejar el mundo,

mirarlo desde lejos.

Y luego regresar,

sabiendo que puedo dejarlo

por un momento o un poco más,

cuando quiera.

BELLÍSIMA

Te veo pasear

con las caderas balanceándose

al ritmo del latido del reloj

que llena el aire cálido.

Te sientas y me miras,

desafiándome con tus ojos claros,

con esas miradas

que no piden permiso.

Confías en tu belleza,

en tus virtudes,

cazadora nata,

princesa de mi reino doméstico.

Saltas, corres,

desapareces entre las sombras,

luego vuelves,

imponente,

como si nada hubiera pasado.

Cada paso es una afirmación,

cada maullido una orden,

y yo, encantada,

te observo

enamorada de tu rebelión elegante.

Hermosa y audaz,

eres mi sol que elige brillar

cuando quiere,

mi sombra que me sigue

con gracia y desafío,

sin pedir aprobación.

Luego, por la noche,

cuando vienes a descansar

acurrucándote junto a mí,

la dulzura de tus caricias

y el olor amigo de tu cuerpo

llenan mi corazón.

Ahora tú: Actividad: Escritura simbólica

Te propongo esta actividad para guiarte en el descubrimiento de tu identidad, de tus cualidades y aspiraciones usando metáforas naturales, explorando quién eres a través de animales y plantas.

Los animales y las plantas se convierten en espejos simbólicos que te ayudan a reflexionar sobre quién eres y qué deseas desarrollar en tu vida.

1. Elige un animal y una planta que te atraigan o que sientas que pueden representarte. No pienses demasiado: sigue tu instinto.

2. Estudia sus características: aspecto físico, comportamientos y hábitos.

3. Piensa en los posibles significados simbólicos en la cultura o en la naturaleza, por ejemplo, florecer una vez al año, o vivir en manada….

1. Escribe un texto creativo empezando con la frase: "Yo soy como un/una ..."

2. Conecta los rasgos del animal y de la planta con partes de ti, con tus emociones, tus talentos o tus sueños.

Reflexiona sobre tus elecciones:

∞ ¿Qué aspectos de ti puedes aprender observando estas criaturas?

∞ ¿Qué estás descuidando o subestimando de ti mismx?

Sugerencia:

Puedes enriquecer el texto con descripciones sensoriales, imágenes mentales o pequeñas historias. El objetivo no es solo escribir, sino sentir y comprender mejor quién eres a través de la naturaleza.

La mariposa

Si fuera una mariposa

Estaría todo el día en el aire

Buscando flores

Enseñando mis alas

Si tú fueras una flor

Tendrías el color del sol

Te daría el calor que falta

En este mundo con poco amor

Te invito a volar conmigo

Cada día En buena compañía

Quiero amigos como tú

Que me escuchen cuando el día se vuelve gris

Que me hablen de sus problemas

Que no me juzguen con maldad

Quiero una vida con más alegría

Que los días sean más ligeros

Que no falte comida

Que no falte felicidad

Si fuera una mariposa

Con alas ligeras para volar

Estaría dando vuelta

Mirando el mundo desde el cielo

Si fueras tú una flor

No importa el color que seas

Te daría el agua

que necesites cada día

Te invito a volar conmigo

Cada día

En buena compañía

Escucha la canción "La mariposa" de mi álbum "Esencia femenina" en tu plataforma favorita.

Ahora tú: Actividad: El equilibrio

Te propongo esta actividad creativa para aumentar tu equilibrio interior y jugar con tu sentido estético.

Son solo unos pocos pasos que puedes hacer sola o con niños, a quienes les gustará mucho.

1. Recolecta hojas, flores o pétalos caídos, piedras, semillas; presta atención a piedras con formas divertidas (sin dañar nada).

2. Crea un "mándala" en el suelo o sobre un papel, es decir, dibuja formas o una figura que te inspire. Déjate guiar por el momento, el viento, la luz del día o de la tarde.

3. Toma una foto y luego devuelve todo a la naturaleza para que siga su curso: respeta la naturaleza y su proceso.

4. Anota aquí o en un cuaderno personal:

a. ¿Qué representa para mí este dibujo?

b. ¿Qué veo ahora que antes no veía?

c. ¿Qué elementos me gustan más? ¿Por qué?

d. ¿Qué me inspira este dibujo, esta forma? ¿Quizás una historia, un recuerdo, un poema?

Puedes reunir estos elementos y, cuando los revises después de un tiempo, tal vez descubras algo nuevo sobre ti.

CUANDO LA TIERRA QUEMA

El bosque gritaba en silencio,

nadie lo escuchaba.

Un fósforo, un relámpago,

una ráfaga de viento

y la llama crecía lenta y sin pausa.

Los árboles alzaban sus brazos de fuego,

las raíces gemían bajo la tierra.

Los pájaros huían sin su nido,

los ciervos corrían sin descanso,

las zorras llevaban en la boca a sus crías

entre humo y miedo.

El cielo humeaba oscuro.

Entre las grietas oscuras de la tierra antigua

a veces brota un hilo de esperanza verde,

terco, verdadero, frágil,

que recuerda a los seres humanos

que la vida siempre exige cuidado,

amor, dedicación,

no llamas, no muerte, no matanza.

La belleza se pierde en un instante,

pero requiere años de pasión, de cuidado, de amor,

para renacer.

EL NUESTRO SOL

Te escucho ladrar en el patio,

eco de alegría que llena la casa.

Te veo correr libre bajo el cielo claro,

cada salto, cada carrera, un canto feliz.

Tus ojos, claros como avellanas,

me hablan de amor sin palabras humanas.

No conoces el mal,

solo das el bien,

con ese lenguaje único

que entendemos como si fueran palabras.

Cuando el viento nos llama al mar

caminamos despacio,

lado a lado,

entre arena y olas,

en un paisaje de ensueño,

como un cuadro sacado de un recuerdo lejano.

Te amaré como el primer día,

te recordaré en cada respiro,

y cuando llegue el silencio,

lloraré en secreto,

pero siempre agradecida

por cada instante contigo.

Ahora tú: Actividad: Diario de las estaciones

Te propongo un proyecto a largo plazo que puede ser una alternativa al diario personal de reflexión y está pensado para cultivar una mayor conciencia y armonía con los ritmos de la vida, con dos objetivos principales:

∞ Aumentar la conexión con los ciclos vitales

Significa aprender a observar y comprender los ritmos naturales y personales: el cambio de las estaciones, los ciclos del sueño, el crecimiento personal, las emociones que fluctúan con el tiempo. Este enfoque nos ayuda a sentirnos más en sintonía con nosotros mismos y con nuestro entorno, haciendo más evidentes los vínculos entre nuestra vida y los ciclos de la naturaleza.

∞ Cultivar la constancia

El proyecto fomenta la práctica diaria y regular, a través de pequeñas acciones o hábitos que fortalecen la conexión con los ciclos vitales. La constancia no solo sirve para lograr resultados concretos, sino también para desarrollar disciplina, paciencia y presencia mental, transformando cada gesto repetido en un momento de conciencia.

En la práctica, este recorrido combina reflexión, observación y práctica diaria, guiándote a vivir con mayor consciencia y a crear hábitos estables que, con el tiempo, aportan beneficios profundos.

Algunos ejemplos prácticos para la actividad:

1. Observación estacional: en cada cambio de estación, o simplemente cuando pasees por calles, parques y espacios verdes de la ciudad, dedica tiempo a observar la flora y fauna local. Camina, respira, escucha los sonidos de la naturaleza, percibe los cambios en el paisaje.

2. Documentación: registra lo que ves, sientes y piensas. Puedes escribir tus pensamientos en un diario, hacer fotografías con el móvil, dibujar bocetos, anotar los colores predominantes, la presencia o ausencia de animales o plantas.

3. Reflexión emocional: compara tus observaciones con tu estado emocional y mental. ¿Qué colores reflejan tu ánimo en ese momento? ¿Qué formas o elementos de la naturaleza te atraen especialmente? ¿Cuáles despiertan sensaciones de alegría o serenidad?

4. Balance anual: después de un año, relee y revisa todo lo que has registrado. Te sorprenderá descubrir los paralelos entre los cambios de la naturaleza y tus transformaciones personales, entre los ciclos externos y los internos.

Este proyecto se convierte así en un viaje de conciencia, conexión y cuidado de uno mismo, que se desarrolla lentamente con paciencia y atención hacia la vida en todas sus formas.

Recuerdo de luz

Un latido de luz intermitente

giraba a mi alrededor,

mi maravilla de niña,

convertida en recuerdo y melancolía de adulta.

Las luciérnagas me rozaban suavemente,

como un corazón que late,

como una señal secreta.

Corría tras las luces

que me envolvían en las noches claras

de la llanura veneta

que olía a trigo y paja.

La oscuridad nos envolvía

durante las vacaciones en el campo,

interrumpida solo por ese instante luminoso.

Un encanto fugaz,

como si la misma naturaleza

hubiera encendido una vela

por un solo suspiro.

Mis pensamientos se alternaban

con las luces de esperanza

para un mañana mejor.

Y vuelvo a ver las palabras que vuelan,

luciérnagas en el viento

de meses cálidos,

mientras lamento

no haberte dicho

cuánto te quise.

EL GUARDIÁN SILENCIOSO

Desde la terraza

me inspiras cada día,

te yergues alto y verde,

te veo alto y espumoso,

te siento, aunque no hagas ruido.

Me contaron

que te plantaron

hace muchos años con manos locales,

historias que hacen más viva

tu presencia.

Veo palomas claras

salir de los nidos

creados en las sombras

de tus fuertes ramas,

que se mecen lentamente.

Entre tus agujas

el viento forma frases

que yo no sé decir,

pero que me llegan claras

como un recuerdo cercano.

Gracias, gran pino…

EL RESPIRO DEL MAR

El mar me acompaña,

y este latido lento de las olas

esconde una naturaleza fascinante,

diferente,

contraria a mí.

Temo lo que no veo

en el fondo de sus arenas:

seres mudos que viven en otra parte,

brillan sin luz

en el silencio de las profundidades.

Agua que pesa,

conchas y algas,

bellezas perturbadas

por la mano del hombre,

que roba sin tregua,

sin pedir permiso

a quien no puede darlo

y tal vez no lo daría

ni siquiera pudiendo.

La flora y la fauna del mar:

abismos de vida eterna

que temo y respeto,

que siento lejanos,

y, sin embargo, a pocos metros de mí.

VERDE

Matices de verde,

hojas de verano que me envuelven

silenciosas y frescas

en esta calurosa tarde.

El paisaje se transforma,

los colores se alternan

vivos y diversos,

como un cuadro que respira.

Veo verde por todas partes,

un verde que cambia,

una pasarela de matices.

A veces claro y pálido,

pastel y delicado,

desvaído y difuminado,

suave y opaco.

Más adelante lo encuentro

perlado y transparente,

oscuro e intenso,

profundo y sombrío,

cargado y rico,

sombrío y terroso.

Me cubro de emociones,

los colores inundan mis ojos,

el verde me envuelve,

refresca mi mente,

me llena de respiraciones.

El viento mueve lentamente las hojas,

acariciadas por el calor del sol

que poco a poco se desvanece,

dejando espacio

a la brisa fresca del mar,

que entra suave y clara

para traer paz al corazón.

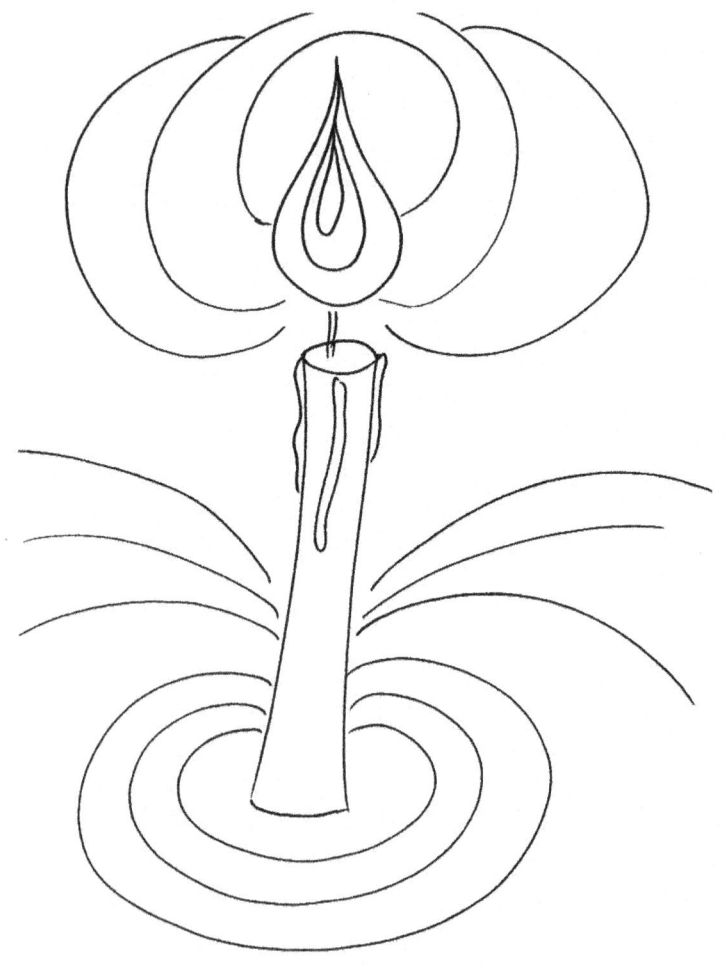

Arrivederci!

La vida es un instante fugaz, una chispa que ilumina el camino por un breve y valioso momento. Al detenernos a mirar dentro de nosotros mismos, retenemos ese fragmento de tiempo, suspendemos por un instante el flujo incesante de la cotidianeidad y nos reencontramos con nuestra esencia.

No siempre las cosas fluyen como quisiéramos: a veces el viento cambia de dirección, a veces el camino se vuelve incierto y la mente se pierde entre dudas y miedos. Sin embargo, es justamente en esos momentos de calma y silencio donde hallamos nuestra fuerza más auténtica, esos pequeños instantes que nos recargan, nos regalan una sonrisa espontánea, una respiración profunda, emociones que enriquecen el alma.

Mirarse a uno mismo no es una fuga, sino un acto de valentía: acoger todo lo que somos —luces y sombras, certezas, vulnerabilidades y fragilidades— y reconocer que cada experiencia, incluso la más difícil, tiene el poder de transformarnos y enseñarnos algo valioso y nuevo.

Aunque cierres este libro al final, siempre podrás volver a sus palabras, a sus textos, a las canciones que lo acompañan, cada vez que sientas la necesidad de un momento de paz, de inspiración, de pausa.

Este libro nace del deseo de compartir contigo fragmentos de vida, faros luminosos a lo largo del camino.

Que las palabras, los poemas y los silencios de estas páginas puedan seguir acompañándote, ofreciendo refugio y escucha, incluso cuando el viaje se vuelva largo.

Relee estas páginas siempre que lo necesites…

Gracias por caminar conmigo. Y hasta el próximo encuentro, que la luz de estos instantes te acompañe siempre.

Con gratitud y afecto,

Elena

Si quieres, puedes seguir acompañándome y nutrir tu alma suscribiéndote a mi boletín, donde compartiré más pensamientos, emociones, canciones e inspiraciones para cultivar juntos la belleza de vivir conscientemente.

www.elenaley.com/club

¡Te espero!